...RAIE SCIENCE

n'est pas en FAILLITE ?

par M. de CASAMAJOR

(Prix : 0 fr. 60)

PARIS	ALBI
J. B. BAILLIÈRE et Fils,	ORPHELINAT SAINT-JEAN
19, Rue Hautefeuille.	Rond-Point St-Martin

DÉCLARATION DE L'AUTEUR

Nous considérons comme un devoir de décla-
rer que nous exposons ce qui nous paraît être l
vérité, même quand nous citons le témoignag
de l'Ecriture Sainte ; mais nous ne prétendon
nullement donner — soit une interprétation offi
cielle de l'Eglise Romaine, — soit l'expressio
de la Foi catholique.

DE CASAMAJOR.

DÉCLARATION DE L'AUTEUR

———

Nous considérons comme un devoir de décla-rer que nous exposons ce qui nous paraît être [la] vérité, même quand nous citons le témoignag[e] de l'Écriture Sainte ; mais nous ne prétendon[s] nullement donner — soit une interprétation off[i-]cielle de l'Église Romaine, — soit l'expressi[on] de la Foi catholique.

DE CASAMAJOR.

———

8º R

18976.

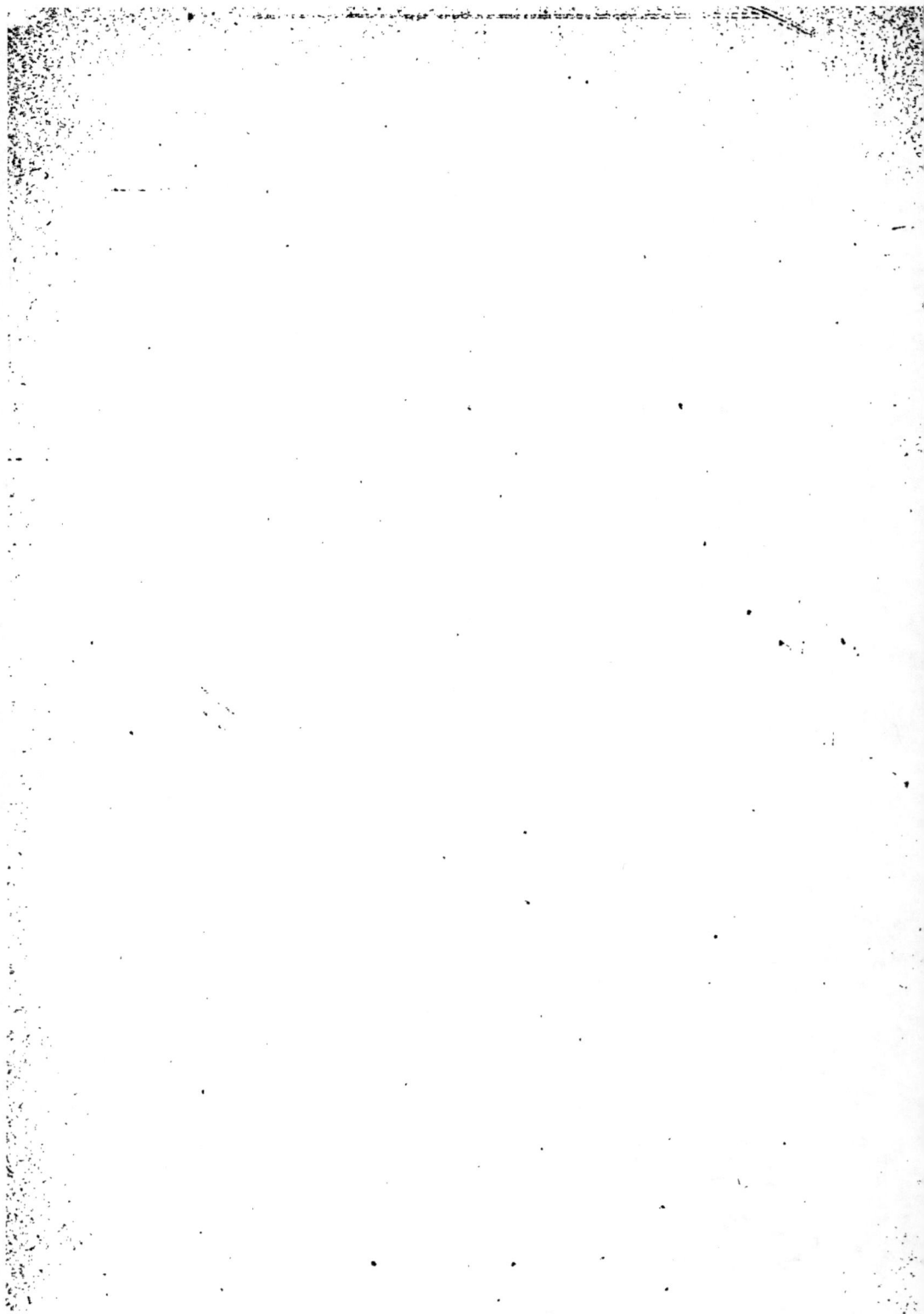

LA SCIENCE

est-elle en FAILLITE ?

DES DOCTRINES PHAGOCYTAIRES

de M. METCHNIKOFF

par M. de CASAMAJOR

PARIS

J. B. BAILLIÈRE et Fils,

19, Rue Hautefeuille.

ALBI

ORPHELINAT SAINT-JEAN

Rond-Point St.-Martin.

LA SCIENCE

EST-ELLE EN FAILLITE ?

Est-il vrai que la science — ou, du moins, ce que *certains* nomment ainsi ; ce qui n'est, en réalité, que la demi-science, la science mise au service d'erreurs systématiques, ou encore de la mauvaise foi — soit infaillible ?

Ce qu'admet la science, faut-il aveuglément le considérer comme l'expression du vrai ?

Ou bien, suivant l'heureuse expression de M. Brunetière, faut-il constater *la faillite de la science* ?

Après avoir brièvement répondu à ces questions, nous croyons utile d'indiquer, en peu de mots encore, les causes principales des erreurs commises par bon nombre de naturalistes, de paléontologistes, de géologues, de physiologistes contemporains; nous croyons utile d'en faire l'application aux doctrines phagocytaires.

Ce sera permettre à certains de se préserver, à l'avenir, de nouvelles erreurs; et donner ou rappeler aux défenseurs de la science vraie, de la **vérité même**, le moyen de découvrir *la cause* des hypothèses défendues malgré leur fausseté manifeste.

CHAPITRE I.

CHANGEMENTS DANS LES PRINCIPES ADMIS

PAR LA SCIENCE

L'homme est une créature essentiellement bornée, son corps occupe une bien minime partie de l'espace indéfini qui l'entoure de toutes parts ; son âme, substance simple, est emprisonnée dans ce corps, formant avec lui le composé humain ; son esprit est doué de facultés perfectibles sans doute ; mais, par là même, elles sont limitées en tous sens ; l'intelligence humaine est incapable d'embrasser complètement tous les sujets d'étude ; notre volonté *ne peut* réaliser chacun de nos désirs ; les affections de notre cœur ne sont infinies ni dans leurs objets, ni dans leur étendue, ni dans leur durée.

Comment l'homme pourrait-il n'être pas sujet à l'erreur?

Il se trompe, hélas! et trop fréquemment.

Heureux, quand il le reconnaît et *brûle ce qu'il avait adoré !*

S'il est prudent, il évite des affirmations téméraires.

S'il est trop audacieux, il aboutit à *la faillite* de sa petite science et se condamne à des changements nombreux qui sont la condamnation de celui qui, tenace dans ses conceptions, a osé considérer l'hypothèse comme un principe incontestable, et des conséquences douteuses comme l'expression du vrai.

Qui donc ignore aujourd'hui les hésitations fréquentes de certains savants, après leurs assertions hautaines et orgueilleuses ?

Qui donc peut oublier les très nombreux changements qu'ils apportent à des affirmations d'abord si catégoriques, si tranchantes même ?

Aussi, croyons-nous bon de citer quelques exemples de ces changements.

*
* *

C'était, *hier*, cette affirmation que des gaz étaient *permanents*.

C'est aujourd'hui l'assertion *contraire* : Tout gaz peut être liquéfié, voire même solidifié, si les conditions requises sont remplies.

*
* *

Hier, on admettait que les hommes vivant à *l'âge de pierre*, remontaient à des milliers de siècles.

Aujourd'hui, on est obligé de reconnaître *le contraire* : il est des peuples qui, à l'heure présente, en sont à *cet âge* ; d'ailleurs, au mois de mai dernier, « un habitant du hameau de Bussy (commune d'Izernore,) M. Ravet, n'a-t-il pas découvert, dans son champ, une hache en *silex*, à côté d'un buste en bronze, parfaitement conservé, d'une dame romaine et de quatre médailles portant une effigie romaine ?

Or, cela fait simplement remonter cette hache, avec presque certitude, à l'époque de César !

*
* *

Longtemps on a considéré Pascal comme l'inventeur de la brouette ; on a cru que la brouette ne remontait qu'à lui.

Mais, dans le splendide graduel conservé à la bibliothèque de St-Dié, n'a-t-on pas trouvé de grandes et précieuses miniatures, des marges curieusement enluminées dont l'une représente les travaux accomplis dans le voisinage ? Or, ce graduel appartenait jadis aux chanoines qui l'avaient fait exécuter de 1504 à 1514 ; de plus, on y représente, ici, des mineurs creusant des galeries, épuisant l'eau avec des seaux montés par des treuils ; là, un ouvrier qui enlève des matériaux **dans une brouette** *ayant la même forme que celles de nos contemporains ;* — plus loin, le minerai charrié avec des wagonnets roulant sur des rails en bois.

*
* *

Aujourd'hui, nous disons : « Semblables, par leur mode de formation aux glaciers des Alpes, présentant les mêmes phénomènes physiques, les glaciers sont répandus en nombre extraordinaire dans la Haute Asie ; — et pourtant, il y a quelques années à peine qu'on en connaît l'existence.

Avant l'année 1442, on ne savait pas que la Haute-Asie possède des glaciers ; bien plus, *on avait échafaudé hypothèse sur hypothèse, pour* **démontrer** *que les grandes chaînes en question n'en pouvaient avoir* !

*
* *

La théorie de l'énergie s'appuyait sur le principe de Carnot : « *Un corps dont la température reste invariable ne saurait fournir aucun travail.* »

Adieu le vieux principe !

Le *radium* tire son énergie **de lui-même**, *sans intervention extérieure.*

**

« Notre siècle a été témoin de bien d'autres engouements (en dehors du transformisme) ; on sait le succès de la théorie du soulèvement des montagnes, professée par Elie de Beaumont, de celle sur les révolutions du globe due à l'illustre Cuvier ; dans des temps plus rapprochés de nous, les générations spontanées ont eu un instant de vogue.

Toutes ces thèses ont été abandonnées ou profondément modifiées et *nul ne pense à les soutenir aujourd'hui* (1).

**

Les physiciens croyaient que la formation de la glace était impossible au fond des eaux courantes, opinion cependant très populaire : les meuniers, les pêcheurs, les bateliers soutenaient que les glaçons dont les rivières sont encombrées en hiver *vien-*

(1) M. de Nadaillac, Corresp. du 10 Novembre 1888, p. 464,5.

nent toujours du fond, et les mariniers allemands avaient même donné un nom spécial et caractéristique à ces glaces flottantes: ils les appelaient *grundeis,* c.-à-d. glaces de fond.

Lorsque la question fut examinée de nouveau, les savants reconnurent que le phénomène qui paraissait *si opposé aux lois de la propagation de la chaleur* était très réel et **qu'il fallait accepter l'opinion si longtemps dédaignée comme un pré-jugé !**

Un naturaliste allemand, M. Braun, publia, en 1788, les observations suivantes, recueillies auprès des pêcheurs de l'Elbe : « Pendant les journées froides d'automne, longtemps avant l'apparition de la glace à la surface du fleuve, leurs filets situés au fond de l'eau, se couvraient d'une telle quantité de glace qu'il leur était très difficile de les retirer. Les corbeilles qui leur servent à prendre des anguilles revenaient souvent d'elles-mêmes à la surface incrustées extérieurement de glace ; les ancres

perdues en été remontaient, l'hiver suivant,
entraînées par la force ascensionnelle de la
glace de fond qui les recouvrait ; — cette
glace soulevait aussi de grosses pierres aux-
quelles les balises étaient attachées par des
chaînes et occasionnait ainsi les plus fâcheux
déplacements de ces utiles signaux. »

Arago, dans sa notice sur la glace, con-
firme ces faits en s'appuyant sur une remarquable observation faite par le botaniste
anglais Knight sur une rivière de l'Here-
fordshire... Le géologue Suisse Hugi a vu se
développer, sur une grande échelle, la formation de la glace de fond dans l'Aar à
Soleure. (1)

*
* *

On nous disait, *avec un dogmatisme
tranchant,* qu'un nombre incommensurable
d'années nous séparait de la dernière exten-
sion des glaciers.

Or, des recherches nouvelles tendent de
plus en plus à réduire ce chiffre, et, en

(1) Les glaciers, par Zurcher et Margollé, p. 24.

l'évaluant à un maximum de 10 à 1200 ans, nous croyons être dans le vrai. La présence de l'homme dans les parties occidentales de l'Europe serait postérieure à cette date, sans que, dans l'état actuel de nos connaissances, nous puissions l'établir avec certitude. Durant ces dix dernières années, écrit un savant glaciairiste, M. Warren Upham (1), il semble absolument prouvé que le temps écoulé depuis la retraite des glaciers, tant en Europe, que dans l'Amérique du Nord, doit être compris entre 6.000 et 12.000 ans.

Il est remarquable que toutes les observations tendent à appuyer ces conclusions et à diminuer le temps écoulé depuis cette retraite définitive des glaciers.

*
* *

Sir C. Lugel *estimait à 35.000 ans* l'âge des gorges du Niagara.

Aujourd'hui que l'on connaît mieux les

(1) Altitudi as af Cause a the Glacial Period (Science New-York. 1893.)

phénomènes glaciaires et que l'on a mieux
étudié l'érosion des rochers du Niagara
M. Upham ne parle plus que de 10.000 ans
et M. Gibert réduit ce chiffre à 7.500. En
étudiant la célèbre chute de St-Anthony, on
porte à 8.000 ans la durée de l'époque post-
glaciaire ou récente. Le docteur Andrews, en
prenant pour base l'érosion des vagues sur
les bords du lac Michigan, parle de 7.500
ans. Le professeur Winchell, en observant
les mêmes effets sur les rochers de Mississi-
pi ; — le professeur Wight en mesurant le
remplissage de certains trous naturels appe-
lés Hames, arrivent à des résultats à peu
près analogues. M. Emersom, poursuivant
les études commencées sur le lac Lahontan
dans la Névada ; puis, sur le lac Bonneville
dans l'Utah, contemporains l'un et l'autre
de l'époque glaciaire et que M. de Lappa-
rent appelle si bien des *pluviomètres fossi-
les*, donne 10.000 ans comme durée *maxi-
ma* de l'époque post-glaciaire. Pour revenir
enfin à la France, M. Arcelin, par l'étude
des alluvions de la Saône, fait remonter, à

7500 ans seulement, la fin des temps glaciaires.

« Nous sommes loin, on le voit, de ces
amoncellements des siècles, que les ama-
teurs du merveilleux et les contempteurs de
la révélation acceptent avec tant d'enthou-
siasme » (1).

❊

Aussi, ne faut-il pas être surpris de ces
paroles prononcées par M. Albert Gaudry,
le 9 mars 1902, quand il eût reçu la médail-
le qui lui était offerte : « *La Paléontologie
est aujourd'hui presque le contraire de
ce qu'elle a été à ses débuts* ; car, elle a
dû, pour se fonder, prouver qu'il y avait eu
des créatures différentes des créatures ac-
tuelles.

*Maintenant, au lieu de s'attacher aux
dissemblances, elle s'attache surtout aux
ressemblances* parce qu'elle s'aperçoit que,
malgré leurs changements d'aspect, le monde

(1) M¹⁵. de Nadaillac, Corresp., n° 768, pp. 634 et
635.

passé et le monde présent n'en font qu'un. Nous découvrons des enchaînements depuis les jours des trilobites jusqu'au temps où l'humanité apparaît. » (1)

Et nous ne saurions mieux résumer nos impressions personnelles que ne l'a fait le marquis de Nadaillac en ce passage : « Nous démolissons sans cesse ce qui a été édifié la veille et cela sans porter remède au manque de solidité de l'édifice. Nous réparons une aile pendant que l'aile voisine s'écroule, et ces travaux si divers changent tellement la face du monument que ses architectes primitifs auraient peine à le reconnaître.

Veut-on un exemple entre nombre d'autres ?

Hier, les savants nous disaient que la chaleur était une forme de la matière ; *aujourd'hui*, ils proclament *avec la même unanimité*, que la chaleur est une équivalence du mouvement.

C'est une révolution complète de la science

(1) La Nature, 1503, 15 mars 1902, p. 237, 8.

qui durera tant qu'une révolution nouvelle ne sera pas venue imposer des axio-
mes nouveaux. » (1).

(1) Mis de Nadaillac, dans *le Correspondant*, 10 juin 1885, p. 828 du n° 785.

CHAPITRE II.

Causes de ces changements et des erreurs commises par la science.

Il sera donc avantageux, croyons-nous, d'examiner brièvement quelles sont les *causes des erreurs* commises dans *la science et* **des changements** qui s'y produisent.

C'est, tout d'abord, l'oubli de quelques vérités incontestables ; ensuite, celui des conséquences qui en découlent.

I. *La vérité est essentiellement une, invariable, éternelle* .

Le rapport d'une circonférence quelconque à son diamètre est $\pi = 3,1415926$.

Ce nombre n'est jamais ni 4 ni 2 ; il ne varie pas, mais a toujours la même valeur.

Ce rapport était vrai au siècle d'Archimède comme à celui d'Adrien Métius et sera vrai encore dans vingt siècles.

De même, *les espaces parcourus par un corps qui tombe librement dans le vide sont proportionnels aux carrés des temps employés à les parcourir.*

Vérité pour Newton comme pour Atwood, pour Morin ; vérité avant que cette belle loi fut découverte, vérité encore si l'homme, un jour, devenu membre d'une société tombée en décadence, venait à l'ignorer.

A l'origine du monde, *il fut vrai qu'un grain de blé*, semé dans des conditions favorables, *germerait*, donnerait une tige, un épi, de multiples grains, récompense des travaux humains.

Cela ne cessa jamais d'être vrai ; il en sera toujours de même.

II. — *Quand une vérité, quelle qu'elle soit, est sûrement établie, par une* **vie quelconque**, *il y a donc folie à la mettre en doute, ou à la nier*, si, par une autre voie, quelle qu'elle soit, on parvient à des résultats paraissant contradictoires. Dans ce

2

dernier cas, il y a erreur dans les conditions ou dans les expériences, dans les interprétations ou dans les calculs.

Je mesure une circonférence et je trouve *exactement* 18 mètres ; son diamètre, et j'obtiens *exactement* 6 mètres. Divisant les deux nombres, j'ai $\frac{18}{6} = 3$, comme rapport de la première valeur à la seconde.

Mais, je sais que ce rapport vaut 3,1416.

Quoique mes mesures directes me donnent 3, suis-je autorisé à douter de la vérité connue ?

Sans doute, j'ai bien fait mon calcul, et 18 divisé par 6 ne peut donner que 3 ; mais, est-il bien vrai que mes mesures aient été bien prises ?...

L'une des deux est inexacte et ma seule conclusion vraiment légitime sera de contrôler, par une opération nouvelle, quelles sont réellement les longueurs de cette circonférence et de son diamètre.

Inutile, croyons-nous, d'insister encore : c'est là un principe très évident que l'on méconnaît trop souvent de nos jours.

III, — *Que, dans une science quelconque, on arrive à la possession certaine d'une vérité* ; que, par l'étude sérieuse et prolongée du corps humain, Harwey démontre le grand fait de la circulation du sang : *aucune autre science ne pourra infirmer cette* magnifique *découverte.*

Que, par la philosophie, on établisse le grand principe de l'immortalité de l'âme : *aucune autre science* ne pourra démontrer l'inverse et si elle croit prouver que l'âme est mortelle, c'est qu'elle se trompe ou dans l'observation des faits ou dans leur interprétation.

Que, par la théologie, on établisse l'admirable fait de l'Incarnation du Verbe ; aucune science ne pourra jamais infirmer cette grande vérité. Si l'on se trouve en présence de difficultés inexplicables, cela prouvera la faiblesse de l'instrument qui est employé à la considération de ces vérités, instrument borné par ses lumières, par ses connaissances, par ses progrès : la raison de l'homme.

CHAPITRE III.

CONSÉQUENCES IMPORTANTES.

I. Voici une première conséquence dont l'importance est capitale; malgré son évidence manifeste, elle est, hélas ! trop souvent oubliée :

Toute hypothèse qui conduit, dans une science quelconque, *à des résultats contredits par une vérité certainement prouvée soit dans cette même science*, **soit dans une autre**, — *est incomplète ou* **fausse.**

Elle doit être rejetée.

Une hypothèse préhistorique m'amène-t-elle à des conséquences qui soient en contradiction avec des principes établis ?

Je dois la rejeter.

Me conduit-elle, par exemple, à dire

que le déluge n'a pas existé, alors que sa réalité m'est prouvée soit par la géologie, soit par l'histoire, ayant l'autorité même d'un livre inspiré ?

Sans crainte de me tromper, *je la dé-clare fausse.*

II. — De là, cette autre conséquence que l'on méconnaît aussi :

Nul **spécialiste** *ne doit sortir de la sphère de ses études particulières, et se permettre alors de dogmatiser ;* s'il le fait, il s'expose presque toujours à des mécomptes, à commettre d'inconscientes erreurs qui le conduiront à considérer comme des faussetés, à ses yeux incontestables, des principes certains établis dans une autre science, des vérités sûres, acquises par des voies qui lui sont inconnues.

III. — Comme d'autres investigateurs spécialistes, les adeptes du *mécanisme* et du **matérialisme** croient avoir assez d'autorité pour définir *ex cathedrâ* des sujets de haute philosophie et envahissent des terrains qui ne leur appartiennent à aucun titre.

C'est l'erreur, c'est l'aveuglement d'un grand nombre qui consacrent leurs travaux à l'étude particulière des sciences, sans avoir préalablement acquis un degré suffisant de culture philosophique.

Accoutumés « au raisonnement rectiligne des sciences positives », et avec plus de préjugés fixes que les autres hommes d'étude, ils ne se bornent pas à consigner les faits qu'ils découvrent, pour lesquels l'humanité leur doit toujours de la gratitude ; mais, par un orgueil inconcevable, par avidité de renom et de gloire, ils leur donnent une signification d'ordre religieux, moral et social. Alors, ils éprouvent le vertige dont parle Platon ; « leur tête a des tournoiements, leurs yeux sont obscurcis et il leur reste, comme unique secours pour ne pas tomber, de s'attacher aux pierres et aux arbres qu'ils rencontrent ».

IV.— *Quand une vérité religieuse est certaine,* peu importe la voie qui a permis à l'homme de la connaître ; toute affirmation contraire devra, *sans crainte d'erreur*, être repoussée.

Cette affirmation provient de faits mal observés, ou d'hypothèses fausses, ou enfin d'interprétations erronées.

V. — « La fausse science, c'est-à-dire, la science qui détourne les conclusions de leur sens légitime ou édifie des systèmes hâtifs dans une intension hostile et perverse se dresse en face de la vérité religieuse ».

« Le rôle de l'apologiste sera d'opposer les vrais principes aux fausses données, et de ramener les conclusions à leur vrai sens ». (1)

(1) La Science catholique, n° 8, p. 692 (17e année.)

CHAPITRE IV

Des principes que nous avons posés, le Lecteur s'y attend sans aucun doute, nous désirons faire l'application. Pour cela, nous allons nous occuper des *matérialistes* et plus spécialement des arguments formulés par M. Metchnikoff, comme conséquence de la doctrine phagocytaire. Nous n'aurions pas probablement à nous en occuper, s'il n'y avait donné lieu, en parlant contre les harmonies du monde, contre *les sciences mystiques et vieillies*, contre les causes finales, toutes choses *étrangères* à ses études spéciales ; s'il n'avait prétendu démontrer que l'âme n'est pas immortelle et expliquer à la fois, d'une façon toute naturelle, la terreur qu'inspire la mort et l'origine de la doctrine

chrétienne sur l'immortalité de l'âme humaine.

Empiètements de Metchnikoff.—

Avant la découverte de la sélection naturelle, écrit-il,
l'harmonie des êtres vivants était la préoccupation constante des biologistes qui se demandaient comment, sans
recourir aux forces mystiques, on pouvait rendre compte
de l'admirable adaptation des organes à leurs fonctions.
Aujourd'hui, grâce à la sélection et à l'adaptation, ce
problème se résout avec facilité, d'une manière inat-
tendue, et permet de considérer les phénomènes inhar-
moniques qui nous entourent. Le défaut d'harmonie se
voit de toute part ; ici, les coccinelles font d'incroyables
efforts pour pénétrer dans les nectaires des fleurs et
leur organisation les en empêche ; là, est la physiologie
humaine qui nous offre de nombreux exemples d'inhar-
monie... l'absence d'un instinct de la vieillesse et de la
mort, parce que la nature et l'harmonie demandent qu'a-
près l'âge adulte on éprouve le désir instinctif de vieil-
lir et, en dernier lieu, de mourir. Or, nous voyons tout
le contraire ; il est exceptionnel dans l'homme, le désir
de la mort, et personne au monde ne veut arriver à être
vieux. C'est là une contradiction évidente, un phénomène extraordinairement inharmonique, d'autant plus
digne d'attention et d'étude, si nous considérons qu'il a
représenté, qu'il représente toujours un rôle très im-
portant dans la vie de l'humanité. La crainte de la
mort a *dû* préoccuper les hommes depuis les temps les
plus éloignés : *cette crainte* **assurément** *donne l'idée*

de l'immortalité et de la vie future, base des différentes conceptions religieuses qui se sont succédé à travers l'histoire. Toutes les tentatives pour combattre l'effroi des hommes à la pensée de la mort, ont porté à nier les bases fondamentales de la civilisation. De là, cette haine si manifeste contre la science moderne, parce qu'elle est incapable de résoudre à la fois le problème de la vie et de la mort, et de procurer la plus insignifiante consolation à une âme affligée. Toutefois, *la crainte de la mort est une des sources les plus profondes de la science et de la religion,* parce que, en elle, trouvent leur fondement la médecine et les sciences biologiques en général. Nous essaierons de préciser les résultats obtenus par la Biologie, par rapport au problème de la mort naturelle et de la vieillesse ».

On le voit déjà : Metchnikoff ne fait pas seulement des observations ; il sort complètement de son domaine expérimental et traite, *au point de vue philosophique,* des questions qui ne sont pas comprises dans l'anatomie et la philosophie :

A lui, de constater l'admirable adaptation des organes à leurs fonctions ; **au philosophe,** d'en chercher les causes et d'en donner l'explication, s'il le peut.

A lui, de nous dire que les coccinelles font d'incroyables efforts pour pénétrer dans les nectaires des fleurs ; **au philosophe,** de voir si ce fait constitue vraiment un défaut d'harmonie, en considérant le rôle joué par la coccinelle dans l'ensemble de la création.

A lui, de constater que, dans l'homme, le désir de la mort est exceptionnel ; que personne au monde ne veut arriver à la vieillesse ; **au philosophe,** de nous dire s'il conviendrait vraiment, après l'âge adulte, d'éprouver le désir de la vieillesse, de soupirer après la mort.

Ce n'est pas à lui qu'il appartient de nous apprendre que la crainte de la mort a *dû préoccuper* les hommes depuis les temps les plus éloignés, mais à un **historien,** à un **moraliste.**

Etait-ce bien *à lui* de nous dire, sur le ton le plus affirmatif et sans soupçonner le moins du monde l'énormité de son assertion, sans fournir une preuve quelconque, que « cette crainte (de la mort) *assurément* donne l'idée de l'immortalité et de la vie future » ??

Etait-ce *à lui* de se transformer en théologien et de nous donner, comme base des différentes conceptions religieuses, l'idée de l'immortalité et de la vie future *donnée précisément par la* **Religion** ?

Comment n'être pas étonné, quand M. Metchnickoff accuse les hommes de nier les bases fondamentales de la civilisation parce qu'ils ont vainement tenté de combattre leur effroi de la mort ? Sur quoi donc est fondée une pareille affirmation ? Est-ce en étudiant les tissus de notre corps, en admirant le fonctionnement de nos organes qu'il a fait une semblable découverte !...

Comment ne pas être surpris, quand il ajoute :

« De là, cette haine si manifeste contre la science moderne, parce qu'elle est incapable de résoudre à la fois le problème de la vie et de la mort et de procurer la plus insignifiante consolation à une âme affligée » ?

Le spiritualiste, le chrétien, n'a pas, n'a jamais eu de la haine pour la vraie science qu'il aime et cultive avec ardeur pour le bien de l'humanité, pour la gloire de Dieu.

Il n'est, il ne fut jamais incapable de résoudre le problème de la vie qu'il attribue à l'action toute-puissante et souveraine d'un Créateur infiniment sage, — ou de la mort qu'il sait être l'un des châtiments, la principale sanction de la faute originelle.

A l'âme affligée qui n'abuse pas de la grâce, il procure les plus grandes consolations, les espérances les plus légitimes, quand il est conduit, par la foi, au seuil d'une éternité glorieuse, récompense des souffrances bien supportées dans la vie présente.

Comment ne pas être douloureusement impressionné, quand on voit un savant de renom dire au public :

« C'est à la crainte de la mort que sont dues surtout la science et la religion ? »

Mais, la science et la religion auraient tout à gagner à l'existence indéfinie du savant, des Dumas et des Pasteur, des Récamier et des Claude Bernard, etc.

Si Metchnikoff n'était pas sorti de son domaine, il n'eût pas probablement écrit de si regrettables erreurs. Il eût peut-être compris la vérité, la beauté de ces paroles : «... Loin de nous plaindre que le désir de félicité ait été placé dans ce monde, et son but dans l'autre, admirons en cela la bonté de Dieu. Puisqu'il faut, tôt ou tard, sortir de la vie, la Providence a mis, au-delà du terme, un charme qui nous attire, afin de diminuer nos terreurs du tombeau : quand une mère veut faire franchir une barrière à son enfant, elle lui tend, de l'autre côté, un objet agréable, pour l'engager à passer. »(1)

(1) CHATEAUBRIAND, *Génie du Christianisme.* p. 20.

CHAPITRE V.

COMMENT DISPARAITRONT LA CRAINTE DE LA MORT ET L'IMMORTALITÉ DE L'AME.

M. Metchnikoft rappelle la théorie de l'immortalité du protoplasme » établi par Weismann.

« D'après cette hypothèse philosophique et scientifiquement absurde, la *cause réelle de la mort est dans la limite du pouvoir reproducteur des cellules corporelles* : la diminution de ce même pouvoir constitue la base essentielle de la vieillesse, qui peut être définie en ces termes: « *atrophie cellulaire* » plus ou moins complète et, toujours très manifeste chez les animaux, fréquemment réalisée à l'intérieur des phagocytes. Metchnikoff fait l'histoire de l'état phagocytaire normal et pathologique... Il cherche à démontrer que cet état s'applique également à l'atrophie sénile, résultat des phénomènes cellulaires intimes, *quoiqu'il ne soit pas entièrement connu*. Cet état procède d'une lutte entre les éléments des tissus, chaque fois plus accentuée, plus notoire ; qui a son fondement, — comme la lutte pour la vie, — dans la grande inégalité des cellules. La dégénération sénile se réduit d'abord à ce que les éléments phagocytaires macrophages, c'est-à-dire les cellules granuleuses qui se transforment en tissu conjonctif, attaquent et se substituent aux plus nobles éléments organiques nerveux et musculaires incapables de se défendre ; puis, à la voracité des phagocytes de tout ordre, dont est victime l'organisme entier. Est-il impossible de fortifier ce dernier contre le pouvoir phagocytaire ! Si l'on pouvait rétablir l'équilibre rompu entre les éléments, on empêcherait, ou du moins on atténuerait l'atrophie sénile.

La vieillesse serait alors plus supportable et l'on verrait apparaître, d'une manière libre et graduelle, l'instinct de la mort qui manque aujourd'hui : alors, la crainte de la vieillesse ne serait pas si aigüe, ni celle de la mort aussi intense. Plus encore : *on verrait disparaître la foi à l'immortalité de l'âme et à la vie future, et la haine de la science moderne.*

Que penser de ces enseignements ?

Tel est le langage des écrivains matérialistes. Avec tout le respect dû à Metchnikoff, dont nous reconnaissons et louons les mérites en biologie, nous devons redire que sa valeur, comme philosophe, est égale à celle de tout autre libre-penseur. La *science vraie* ne se permet point de ces affirmations, qui la prostituent, l'abaissent au niveau de l'éloquence de club et la transforment en *fausse science*.

Ce n'est pas d'elle que proviennent de si lamentables erreurs ; mais, de l'esprit sectaire de certains hommes de science qui ne savent ni limiter le champ de leurs investigations, ni respecter celui du prochain. *Envahissant des terrains qui ne leur appartiennent pas*, ils se ravalent et tombent des hauteurs de l'orgueil à la folie.

Non ! il n'y a ni civilisation, ni progrès, à tromper ses semblables, avec des doctrines irrationnelles déduites d'une hypothèse plus ou moins « suggestive », aventurée, opposée à toutes les règles de la logique directrice de la pensée, quoique la pensée soit « libre » dans la recherche de la vérité. Avant la découverte de la sélection, des biologistes sensés existèrent qui, par *l'étude des effets*, s'élevèrent aux causes et, comme CLAUDE BERNARD, des phénomènes biologiques à l'idée directrice, ordinatrice de la vie, et de l'admiration des harmonies universelles à l'ado-

ration de son souverain Artisan : ils savaient
prier, puisqu'ils savaient comprendre. Aujourd'hui, avec les progrès de la science,
on découvre mieux que jamais, l'infinie
sagesse du Créateur ; on voit mieux que tout
est disposé avec *poids, mesure et nombre*...
Si les philosophes et les biologues antiques
pouvaient la reconnaître dans l'ensemble de
sa sanction et en lignes générales, les modernes peuvent la démontrer avec des
détails sans nombre et des arguments invin-
cibles. Voilà ce qu'on sait, de science certaine,
et ce qui afflige les athées, les matérialistes
de toute espèce.

La sélection naturelle réfutée par la considération des organes après la trouvaille de
cette force mystérieuse, le problème de
l'adaptation des organes aux fonctions ne se
résout ni avec facilité et d'une manière inat-
tendue, ni d'aucune manière dans le système
mécaniste... Pourquoi la sélection utile n'a-
t-elle pas procuré aux coccinelles une trompe, comme celle des lépidoptères, ou n'est-
elle point parvenue à supprimer en ces ani-

maux, avec *efficacité négative*, cette tendance qui sert uniquement à les tour-
menter ?

Si la sélection ne procure pas l'utile ou ne
supprime pas l'inutile, quel rôle joue-t-elle
dans le monde? Il n'y aura qu'à la réléguer
parmi les forces « mystiques et vieillies. »
Invoquer la multitude des siècles, comme
planche de salut indispensable, pour que la
sélection puisse récompenser les efforts de
la *coccinelle,* est un vieil argument qui ne
prouve rien dans les sciences positives.
L'adaptation des organes aux fonctions ne
peut se comprendre que dans la doctrine
des causes finales.

CHAPITRE VI.

SUR L'INTERPRÉTATION D'HERMANN MULLER.

Supposant que soit juste et scientifique l'interprétation que donne Hermann Muller au phénomène observé dans les *coccinelles*, cela ne pourra être opposé à la *cause* finale; au contraire. Qui ne la voit, en effet, dans cette tendance et dans ces efforts incroyables qu'elles font pour sucer le nectar des fleurs ? S'ils n'y parviennent pas, qu'on l'attribue à ce que la cause ne triomphe pas toujours dans la lutte contre l'autre multitude de causes, et à l'imperfection de toute créature qui porte avec elle la perte, bien des fois, de ses énergies dans le contact avec la réalité. Précisément, de cette lutte ou combat, résultent la paix et l'ordre et les harmonies de l'Univers.

Pourquoi les instincts ne doivent pas être satisfaits. — Peut-être pour la coccinelle (et pour tous les êtres de l'échelle zoologique, si on les considère au point de vue matérialiste), la constante réalisation de ses tendances ou instincts serait-elle préférable, — comme, pour l'homme, — la délivrance de ses infirmités et de la mort.

Mais, si, à la lumière de la philosophie et de la religion, *la dernière hypothèse est insoutenable,* on ne peut pas non plus défendre la première au nom de la science. Car, l'abondance de la vie organique serait telle que la vie même serait impossible, le plan général du monde exige le sacrifice de certains êtres pour le bien des autres.

✳

CHAPITRE VII

QUE PENSER DE LA LOGIQUE DE METCHNIKOFF ?

Plus défectueuse est la logique de Metchnikoff, quand il interprète les inharmonies
postérieures du monde, au début et à la fin
de la vie (des exceptions confirment la règle
générale, en supposant qu'elles existent),
parce que les harmonies sont infiniment plus
nombreuses que les phénomènes inharmoni-
ques.

A l'exception des saints et des martyrs
qui forment la gloire et la splendeur de
l'humanité, il n'y a, dans l'humanité, ni
l'instinct de la viellesse, ni le désir de la
mort ; mais, M. Metchnikoff, pas plus que
l'école mécaniste, ne résout ce problème des
problèmes avec le très pauvre secours des

phagocytes ni avec toutes les théories scientifiques, illusoires et fantaisistes. *Il n'est pas démontré* que la cause réelle de la vieillesse ou sa base fondamentale se trouve dans la diminution du pouvoir des cellules génératrices, ni que l'atrophie sénile dépende du pouvoir des phagocytes.

En ce dernier cas, tous les enfants seraient vieux, puisqu'en eux est nul le pouvoir de ces cellules.

Mais voici qui est certain. « Dans l'homme, il y a une soif insatiable d'immortalité, le non-être nous fait horreur ; l'immortalité nous enchante ; nous désirons vivre et vivre complètement : avant d'abandonner cette terre, nous cherchons à y laisser des souvenirs de notre existence. Le puissant construit de grands palais qu'il n'habitera pas, le laboureur plante des forêts dont il ne verra pas l'entier accroissement.

Le voyageur écrit son nom sur une roche solitaire que liront les générations futures.

Le sage se complaît dans l'immortalité de

de ses œuvres ; le conquérant, dans la renommée de ses triomphes.

Le fondateur d'une maison illustre, dans la perpétuité de son nom ; et même l'humble père de famille se flatte, à la pensée qu'il vivra dans ses descendants et dans la mémoire de ses voisins.

Le désir de l'immortalité se manifeste chez tous de mille manières et sous différentes formes, et ce désir immense qui vole à travers les siècles, qui se dilate par les profondeurs de l'éternité, qui nous console dans l'infortune et nous soutient dans l'abattement ; ce désir, qui élève nos yeux jusqu'à un nouveau monde et nous inspire le dédain pour l'impérissable, nous aurait-il été donné seulement comme une belle illusion, comme un cruel mensonge, pour nous endormir dans les bras de la mort et ne nous réveiller jamais ? » (1).

Cette substance qui se meut en nous et dont l'activité est supérieure à ses forces et les désirs à son être ; cette pensée qui

(1) Balmès.

suit la vérité pour lui faire de chastes embrassements ; ce cœur qui recherche le bien et gémit et pleure jusqu'à ce qu'il le possède ; cette force intérieure qui a pour objet l'infini, pour règle la justice..., aura-t-il pour durée la mortalité ? S'éteindront-ils dans le néant, ses désirs et ses aspirations ? Sera-t-il étouffé par une poignée de poussière, le cri puissant que pousse l'âme quand disparaissent les murailles du corps et que le corps est aux prises avec les bouches insatiables du sépulcre ?

Non ! c'est là un mensonge prétendu scientifique, le plus stupide des mensonges et le plus horrible des blasphèmes. L'amour de la vie est la plus ardente des passions, ce désir d'immortalité se manifeste bien en la multitude des sages modernes qui ont, comme idéal de leur orgueil, la gloire caduque qui perpétue leur nom par les bronzes, les marbres ou les médailles, — comme celles qu'a reçues précisément Metchnikoff.

A quoi bon cette vaine gloire, — sotte et éphémère —, pour les sages modernes, après leur mort, lorsqu'ils seront descendus au tombeau, où s'éteindront tous les honneurs, tous les applaudissements ; où se résoudront, en poussière et cendre, l'orgueil et la fatuité des hommes ? Alimenteront-ils cette illusion funeste par la crainte de la mort ? Peut-être ! Car, il y a des moments , disait Campoamor :

Où les athés prient quand ils sont seuls. (1)

(1) En que rezan á solas los ateos.

CHAPITRE VIII

D'OÙ PROVIENNENT
LES IDÉES D'IMMORTALITÉ ET DE VIE FUTURE ;
LEUR PERSISTANCE.

La crainte de la mort n'a pu être l'origine de l'immortalité, de la vie future, « bases des différentes conceptions religieuses qui se sont succédé dans l'histoire humaine ». C'est l'argument des vieux épicuriens égoïstes, chanté par Lucrèce et réduit mille fois en poussière par les réflexions suivantes :

Le désir d'immortalité, cela est très certain, est un fait de conscience universel et inné, de tous les temps, de tous les lieux ; il a ses racines dans les entrailles même de la nature humaine, et, pour l'éteindre, il faudrait enlever le cœur de tous les hommes ; de l'immortalité de l'âme, on peut dire ce que Pascal a dit de Dieu :

« Tu ne me chercherais pas, si tu ne m'avais rencontré ».

Les affirmations contraires sûrement sont donc des faussetés.

Pour un instant toutefois, admettons que le pouvoir des phagocytes puisse être la cause de la vieillesse et recherchons le bien fondé ou plutôt le faible de la logique de M. Metchnikoff.

De ses paroles il résulte, avec évidence, que si la crainte de la mort est très intense dans le vieillard, c'est parce que l'équilibre cellulaire a été rompu, parce que les phagocytes dévorent les éléments organiques nobles : nerfs et muscles. Si donc la science arrive un jour à réduire ce pouvoir phagocytaire, la crainte de la mort sera moins vive dans le vieillard.

Mais alors, comment expliquer, dans le petit enfant, dans l'adolescent et dans l'adulte, — chez qui n'existe pas cette lutte incarnée de muscles, nerfs et phagocytes —, que cette crainte existe avec plus de force encore que dans les hommes vieux ?

L'hypothèse de M. Metchnikoff sera aussi suggestive que l'on voudra, — comme l'ont dit les adorateurs de la matière et de la force ; — mais, elle n'explique rien, ne résout rien, ne conduit à rien. Le problème reste entier tandis que les contradictions sont manifestes.

D'ailleurs, les sages du jour et les investigateurs futurs peuvent fortifier l'organisme contre la voracité phagocytaire et rétablir l'équilibre des éléments cellulaires, rompu dans la lutte pour l'existence. Ils parviendront *peut-être* à contenir *un tant soit peu* l'atrophie sénile en la réduisant à ce qu'elle est dans les adolescents et les adultes; mais, la vieillesse sera toujours insuportable pour les incrédules, et l'instinct de la mort n'apparaîtra pas librement d'une manière graduelle ni brusque ; la crainte de la mort et celle de la vieillesse persisteront dans l'adolescent et dans le vieillard. Ces effrois continueront très aigus, très intenses, et la foi en l'immortalité de l'âme, en la vie future, suivra, illuminant les ho-

rizons de la conscience juste ou coupable,
comme le soleil illumine le jour de nos vies
terrestres.

Croire, à l'instar de certains savants in-
fatués d'eux-mêmes, que la science, un jour,
supprimera la mort naturelle et, par cela
même, tout ce que l'humanité croit, sent
par rapport à l'autre vie —, c'est laisser ce
qui est *mystérieusement divin* pour accepter ce qui est *mystérieusement absurde.*
Ce n'est point parler au nom de la science;
mais contre elle, contre la foi, la philosophie et... le sens commun ; c'est se tromper
soi-même, adopter la pire des erreurs, en
invoquant *une hypothèse* qui peut avoir la
vertu de persuader seulement les sots et les
imbéciles.

CHAPITRE IX.

METCHNIKOFF SE TROMPE. SOLUTION DU PROBLÈME.

Si donc il faut résoudre le problème, en apparence contradictoire et inharmonique, de la mort naturelle et de l'absence de son instinct dans l'âme humaine, ce ne doit pas être avec les corollaires illogiques et les blasphèmes que déduit M. Metchnikoff de sa théorie phagocytaire ; ni avec le sarcoplasme et les cellules nerveuses : hypothèse vaine et stérile, parce que, de son propre aveu, « elle manque de données et d'observations suffisantes » ; hypothèse toujours absurde, parce qu'il confond l'âme avec la matière, la spontanéité des sentiments nobles avec les produits du foie et des reins ; parce qu'il donne comme supposé qu'en l'homme il n'y a que des cellules, des tissus, des organes et des appareils, et c'est là ce que ne démontrent ni M. Metchnikoff ni aucun matérialiste.

« L'unique solution du problème, je vais la chercher *ailleurs :* dans cette doctrine philosophique, *scientifique et religieuse* qui nous dit :

« Si quelque chose prouve ce défaut d'instinct, ce désir de la mort, et cet amour supérieur à tous les amours, cette passion très ardente de vivre au-delà de la tombe, cette aspiration de la conscience humaine et universelle vers une vie meilleure et plus heureuse ; si quelque chose prouve tout cela, c'est précisément l'immortalité de l'âme.

Mourir, pour l'homme, ce n'est pas fermer les yeux pour toujours.

Ses désirs infinis et ses espérances sans limite ne s'évanouissent pas comme des feux-follets ou comme une illusion fatale, éphémère et caduque ;

Lorsque le corps dépérit et tombe dans le sein de la terre, sa mère, il n'entraîne pas avec lui, pour le convertir en poussière, l'hôte immortel qui l'habita ;

Si, dans l'homme, il y a des bras qui obtiennent seulement le fruit accordé aux bêtes, *il y a une pensée* qui va plus loin que la lumière, parce qu'elle a *faim de Dieu* ;

« Au milieu de l'ordre et des harmonies universelles, l'âme de l'homme n'est pas, ne peut pas être la créature unique et la moins bien partagée, sujette au désordre le plus effrayant, au dérèglement le plus horrible, à la fin la plus désespérante et la plus cruelle.

Non ! ce n'est pas un astre qui doive perpétuellement tourner hors de son orbite, ni un vaisseau navigant toujours dans la région de l'infini sans arriver au port du salut, ou bien allant se briser pour jamais sur les écueils formidables de l'abîme du néant. Tout cela prouve qu'après la mort, l'homme jouira d'une vie nouvelle, moins laborieuse et plus féconde ; — qu'il n'a point à rompre, mais à suivre les harmonies de ses destinées immortelles.

4

CHAPITRE X

Non ! ce n'est pas la crainte de la mort, mais l'amour supérieur de la vie qui a donné aux hommes l'idée de la vie future. L'affirmation de ces vérités remonte aux origines mêmes de l'humanité.

La Bible n'affirme-t-elle pas, en plusieurs passages, que l'homme est composé de deux substances, l'une spirituelle, l'autre corporelle ? Quand elle dit, par exemple, « Dieu forma l'homme du limon de la terre, lui insuffla sur le visage un esprit vital, et l'homme fut fait âme vivante » ; elle affirme manifestement les deux substances dont l'homme est composé : la substance corporelle, empruntée au limon de la terre ; et la *substance spirituelle*, désignée par *l'esprit vital* que le Seigneur lui insuffla.

La substance *corporelle* est *mortelle*, parce qu'elle est, de sa nature, *composée* . L'Ecriture prend soin de nous l'enseigner : « Homme, souviens-toi que tu es *poussière* et que tu *retourneras* à la poussière d'où tu es sorti ».

L'Esprit, au contraire, est **immortel** de sa nature, et la Bible nous dit : **«Les hommes ne peuvent détruire les âmes,** nous devons haïr notre âme en ce monde, pour, la garder dans l'autre, où nous recevrons, en récompense, la vie éternelle ».

(Math. X, 28)

Pour adopter ces principes, « je n'ai pas à nier les bases fondamentales de la civilisation moderne ; comme le dit M. Metchnikoff, Tolstoï pourra les nier ; mais aucun catholique ne le fait. C'est précisément, sur ces idées de l'immortalité de l'âme et de la vie future que porte, déjà depuis vingt siècles, la vraie civilisation et le progrès moral qui est le progrès véritable et légi-

time. Sans ces idées et ces sentiments, la
société est un chaos ; l'Histoire, une énigme;
le monde, une cage d'animaux féroces,
affamés et insatiables ; et l'homme, le mys-
tère le plus effrayant de tous les mystères.
Avec ces idées, l'ordre est rétabli, les mystères et les énigmes dévoilés, et l'on voit
briller la justice, la raison, la logique et le
sens commun, laissé aux portes du labo-
ratoire par un grand nombre de ceux qui
s'appellent savants expérimentateurs. Parmi les défenseurs de cette doctrine qui
donne la solution des phénomènes inhar-
moniques dans l'homme, inexplicable dans
la théorie phagocytaire et dans toutes les
théories scientifiques à la mode, il n'y a
aucune haine contre la science vraie
qu'on admire et applaudit, et dont le début
et la fin « touchera seulement l'épiderme de
l'humanité, jamais l'esprit qui la meut ».
Il y a (que ce soit dit en demandant excuse
à M. Metchnikoff), par cela même que, par
ses affirmations irrespectueuses et catégoriques, il brise les fibres les plus délicates

du cœur de l'humanité ; il y a dis-je, un
certain odieux, une rancœur non dissimulée,
non contre les personnes, mais contre l'orgueil de ces hommes de science qui la ravalent et la prostituent, en la forçant et la
torturant pour la faire mentir ; contre les
paroles de ces savants dont la conviction
est qu'il suffit d'observer des microbes et
des phagocytes ou de compter tantôt les
artères des pattes, chez les coléoptères ;
tantôt les fibres nerveuses des ailes chez
les papillons, pour définir dogmatiquement
sur des sujets qui sont beaucoup plus élevés
que la platine du microscope ; contre la
folie de ceux qui confondent l'homme avec
les lapins des Indes et qui, ne sachant rien,
absolument rien des mystères de la vie, se
moquent des mystères de la mort ; contre
cette nouvelle « papauté scientifique »
nommée par Auguste Comte *pédanto-
cratie.* » (1)

Voilà une application des principes in-

(1) *P. Zacharie* Rodriguez, dans *La Ciutad de Dios.*

contestables que nous avons précédemment annoncés. Une fois de plus, elle nous autorise à le redire : Il ne convient pas à un spécialiste d'empiéter sur le domaine d'autrui et d'y parler en maître ; il s'expose à soutenir des doctrines *dont la fausseté se trouve* **certainement** *établie par la démonstration faite ailleurs, de principes opposés.*

TABLE DES MATIÈRES

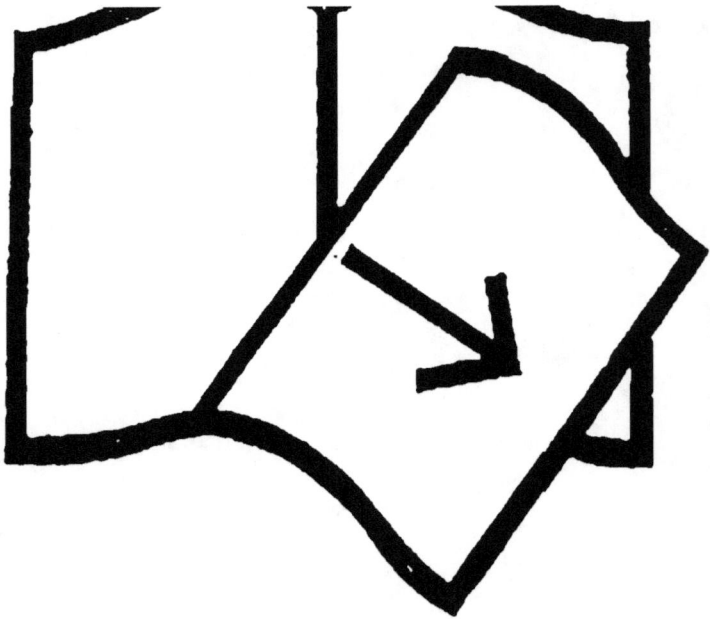

Documents manquants (pages, cahiers ..)
NF Z 43-120-13

www.ingramcontent.com/pod-product-compliance
Lightning Source LLC
LaVergne TN
LVHW022015080426
835513LV00009B/732